Ma il Sole quanti raggi ha?

I GRANDI RISPONDONO ALLE DOMANDE IMPOSSIBILI DEI BAMBINI

A cura di Cristiana Bonzi con Alberto Giannoni
illustrato da Giorgio Maria Romanelli

CREALIBRI

CE

© 2020 by CREALIBRI
CREALIBRI è un marchio EDICART Style
via Jucker, 28 - Legnano (MI) - Italia
Da un'idea di Cristiana Bonzi
A cura di *Cristiana Bonzi* con *Alberto Giannoni*
Illustrazioni *Giorgio Maria Romanelli*
Photo editing e impaginazione *Mirko Diani*
Editing *Angela Tovazzi*

www.edicart.it

*Cari bambini che state per leggere questo libro dedicato a voi,
come fossi la vostra Nonna vorrei raccomandarvi di ricordare
sempre che la forza della vita è straordinaria.
Prendete le matite colorate e usate la vostra fantasia
meravigliosa per disegnare tante farfalle gialle e dai tanti
colori che volino lontano lontano, sopra l'odio. E non stancatevi
di trovare parole semplici per comunicare con gli altri in pace.
Aprendo il vostro cuore con sincerità e disponibilità alle
persone che incontrerete sul vostro cammino, un passo dopo
l'altro, non sarete mai soli e capirete che la vita è sacra, in
ogni sua forma.*

Un abbraccio affettuoso a ciascuno di voi,

Liliana Segre

L'idea

Cosa c'è di più vitale di una domanda? Di quell'interrogativo sospeso che attende di poter guardare oltre l'ovvio?

Quelle dei bambini sono spesso domande stravaganti, almeno in apparenza. Eccentriche rispetto agli schemi degli adulti, avversative fin dal principio. Dopo quel "ma", traccia di un pensiero formulato prima, non è solo curiosità a esplodere. C'è il desiderio implicito di muovere un passo più in là, in uno spazio nuovo, tutto da far proprio, dove nessun perimetro è fissato.

Da interrogativi del genere nasce questo libro. Domande impossibili, letteralmente tirate fuori da un file in cui ne avevo annotate tante di mio figlio Francesco. Se ne è aggiunta qualcuna di altri piccoli autori, tra cui Mattia. Il suo papà, l'amico e collega Alberto Giannoni, ha condiviso con me l'idea di rivolgerle a personaggi noti, e diversi, che hanno accettato con generosità di mettersi in gioco. Svestendosi dei loro panni ufficiali, si sono lasciati trasportare in una direzione imprevista per affrontare temi importanti con parole semplici. Le loro storie si sono trasformate in quattordici racconti unici –

allo stesso tempo testimonianze inedite sulla propria carriera e concreti insegnamenti di vita – illustrati con delicatezza e fantasia dal giovane artista Giorgio Maria Romanelli.
A tutti loro, insieme a tanti altri amici che hanno fatto il tifo per questo progetto, rivolgo il mio ringraziamento profondo. Oltre che un obiettivo meritevole – sostenere il Centro di Aiuto alla Vita Mangiagalli, fondato da Paola Bonzi nel 1984 a supporto delle maternità difficili – sento di aver condiviso con ciascuno, e tutti uniti, la necessità di proiettare altrove la prospettiva quotidiana per puntare gli occhi verso l'invisibile.

Questo libro è dedicato a te, Mamma, che le domande di Francesco le portavi nel cuore. Insieme a quelle di ciascuno dei bambini che hai avviato alla vita, in quasi quarant'anni di impegno mai stanco. Ed è dedicato a quei bambini che, come Francesco, Mattia e tanti altri, non smettono di farsi domande sul senso delle cose e di prestarle a noi adulti. Il loro sguardo aperto sul mondo ci indica che un'altra direzione è sempre possibile. E che l'unica risposta impossibile è quella che non passa per il cuore.

Cristiana Bonzi

Indice

Ma il sole quanti raggi ha?

risponde Paolo Nespoli, astronauta

Il sole ha infiniti raggi. Io, da piccolo, pensavo che fossero ponti da attraversare per avvicinarsi a quella palla bruciante che dà vita al nostro mondo. Crescendo, poi, ti rendi conto che non puoi sbarcare sul sole, ma resta il suo fascino, resta il fascino dello spazio. Le frontiere sono interessanti: scoprire il nuovo fa parte della natura umana. Un tempo si trattava di ciò che c'era oltre la valle, o al di là del mare, di un'isola sconosciuta o di un nuovo continente. La nuova frontiera ora è lo spazio. Gli astronauti sono esploratori, sono i nuovi Cristoforo Co-

lombo, ma io non li vedo come geni o eroi. Sono in gamba, ma devono rimboccarsi le maniche e impegnarsi molto, faticare, mettere in conto una serie di rischi e di incognite, devono studiare e imparare a conoscere tante cose, anche se stessi. Come ci si comporta in una situazione di isolamento? E in assenza di gravità? Come si reagisce ai problemi e agli imprevisti? Queste sono le incognite da affrontare. Per questo gli astronauti si preparano a lungo, duramente: sotto terra, sott'acqua, in alta montagna, in situazioni estreme. E vi confesso che questa preparazione estrema fa scoprire meglio chi sei, comprese cose che non ti piacciono affatto, ma che spesso non puoi cambiare.

C'è un grande lavoro di squadra dietro ogni missione. Chi va nello spazio ha compiti particolari e gli sono richiesti risultati precisi. In tutto questo lavoro, in tutta questa concentrazione, con tutta questa pressione e con le aspettative che ci sono, devo ammettere che all'inizio lo spazio perde un po' della sua magia, l'astronauta all'inizio non ci ritrova la favola che sognava da bambino. Però ogni tanto la può recuperare, questa magia, la può ricostruire, rendendosi conto che sta facendo una cosa davvero eccezionale, quella che sognava fin da piccolo. E la magia allora c'è, la senti. Chi cresce sognando lo spazio, quando realizza il suo sogno si scopre cambiato, arricchito. Strano, a volte. Lassù nello spazio sei tu l'extraterrestre. Ogni movimento che fai è diverso nello spazio, devi imparare tutto da capo, ogni piccolo spostamento, ogni cosa che a noi adulti sulla Terra appare semplicissima e naturale. Lassù, per esempio, non puoi camminare, le gambe non servono. In assenza di gravità torni bambino, un essere vivente che fa tutto per la prima volta: tenti di muoverti, ma capisci che non è facile e batti la testa finché non ci riesci. Quando ce la fai,

allora, galleggi nell'aria, muovi il corpo con un dito, diventi un po' come l'Uomo Ragno. Diventi tu un extraterrestre. Nello spazio siamo tutti diversamente abili e siamo tutti bambini. Il corpo lo sentiamo in modo diverso, siamo come un'altra entità proiettata nell'universo. Chi va nello spazio è solo coscienza, e cammina su una scala mobile che conduce all'infinito.

Quando poi torni, devi nuovamente adattarti: la gravità pare un elefante che ti si sdraia addosso e, se nella navicella ti mancava la gravità, quando torni ti manca l'assenza di gravità. Noi esseri umani siamo così: tante volte ci facciamo prendere da ciò che ci manca. Per voi bambini no: tutto è nuovo, ma noi "grandi" facciamo il contrario: invece di godere di quel che abbiamo, spesso ci focalizziamo su ciò che manca.

Ecco, io ho imparato questo: che nello spazio è bello stare senza gravità e sulla Terra ci sono cose meravigliose. Ricordo per esempio il giorno in cui sono tornato dopo la prima missione: quando hanno aperto la botola tenendomi in braccio – frastornato com'ero dal malessere del viaggio – in quel momento io ho sentito fortissimo l'odore dell'erba, un odore intenso sollevato dall'impatto della navicella col terreno. Non lo sentivo da mesi e tutti i sensi si sono risvegliati. E ho goduto di quel profumo, e poi del vento, e poi del sole sulla faccia, ho sentito tutti i suoi raggi. "È bello essere umani", ho pensato. Sono felice di essere tornato. Di essere tornato terrestre.

Ma è vero che da vicino si vedono le cose invisibili?

risponde Simona Arrigoni, giornalista

No, mamma. Non ci voglio andare dalla nonna. Portami indietro.

– Smettila. Ti ho detto che passerai il pomeriggio lì. Se fai il bravo…

– Ma io non mi diverto dalla nonna. È praticamente cieca.

– Non essere irrispettoso. Lei sa fare tutto. Prepara anche le torte senza farle bruciare come faccio io. Siamo arrivati, vai. E sii gentile. Sono stata chiara?

Federico sbatte la portiera dell'auto e si chiude nel silenzio capriccioso dei suoi 8 anni. Suona malvolentieri il citofono. Prende l'ascensore e sale al quinto piano. Sul pianerottolo c'è lei, nonna Paola. Un viso dolcissimo impreziosito da un sorriso aperto e da quegli occhi "difettosi", come li chiama lei, e al tempo stesso capaci di perdersi nell'immensità di ogni anima che incontra.

– Ciao tesoro, ben arrivato. Com'è andata la scuola? Devi fare i compiti?

– Sì, uffa.

Fede getta la cartella per terra e sbuffando si butta sul divano. Non ci vuole molto a capire che qualcosa non va.

– Vuoi fare merenda?

– No.

– Facciamo così: ti do una fetta di torta con doppio strato di cioccolato. E una la mettiamo da parte per i tuoi amici. Vieni qui. Voglio raccontarti una favola che nessuno conosce.

C'era una volta, in un luogo imprecisato, un paese chiamato Invisibile. Non c'era neppure sulla carta geografica. Non aveva colori. I suoi abitanti si chiamavano gli Invisibili. Avevano il sole, la luna, le stelle, ma non ne vedevano la luce. Si accorgevano solo della pioggia e passavano il tempo a lamentarsi. Nel paese Invisibile vivevano sette bambini di 7 anni. Ogni giorno, alle quattro, si ritrovavano per giocare. Stavano vicini, ma in realtà erano distanti. Ognuno impegnato a fare quel che gli pareva. Ironia della sorte, si chiamavano con i nomi dei colori che non vedevano. Rosso voleva vincere a tutti i costi partite che giocava da solo. Giallo era innamorato del sole, ma non capiva quanti raggi avesse. Verde amava la natura, ma aveva paura degli animali. Ad Arancione piaceva mangiare, ma era gonfio come una mongolfiera. Blu invece adorava il ruscello, ma non sapeva nuotare. Indaco voleva suonare il violino, ma senza riuscirci. Viola era gentile, ma non parlava per la timidezza. Un giorno arrivò una bambina misteriosa. Stava immobile in un angolo su una strana sedia con le rotelle. Non muoveva né braccia né gam-

be. A malapena la testa. Ma aveva il viso vispo di un folletto. I capelli rosa raccolti in due lunghe trecce e sugli occhi verde smeraldo degli occhiali fucsia pieni di strass. Non smetteva di ridere. Per tutti era una specie di alieno. Nessuno osava avvicinarsi. Dopo dieci giorni Rosso prese coraggio.

– Ciao, tu chi sei?

– Ciao, tu sei Rosso, vero?

– E tu come fai a saperlo? Sei una strega?

– No. Ti ho osservato in questi giorni. Io vengo da un paese magico. Si chiama Universo. Sono qui per insegnare agli altri a essere speciali come me. Lo sono già, ma, poverini, non lo sanno.

– Perché non cammini?

– Io volo. Questa è la mia macchina fantastica. Non ci credi? Se vuoi te lo dimostro. Venite tutti stasera qui alle nove in punto. Andremo insieme a parlare con le stelle.

E così tutti si presentarono all'appuntamento convinti di assistere a una messa in scena. "Pronti? Chiudete gli occhi". La bambina dai capelli rosa pigiò il bottone della sua carrozza magica a rotelle. Si aprì una scaletta di brillantini. "Salite, su". Toccò un altro pulsante e in men che non si dica furono avvolti da sette cinture dorate. In pochi secondi salirono sul punto più alto del cielo, vicino alla luna.

– Buonasera Luna.

– Buonasera a voi. Buona gita.

E poi via a correre, a fare capriole, a saltellare tra le nuvole, fin quando si fermarono a conoscere le stelle.

– Buonasera signore Stelle, dissero in coro.

– Buonasera bambini, abbiamo un pensiero per voi.

Lasciarono a ognuno di loro un sacchettino luminoso con frammenti di stella. Era un regalo da aprire solo il giorno dopo. Il mattino seguente i bambini si svegliarono nel proprio letto con una sensazione di serenità. Aprirono gli occhi e tutto era colorato. Fu così che il paese Invisibile cambiò nome in Paese della Luce e gli abitanti diventarono i Luminosi. Rosso imparò che giocare in squadra è meglio che vincere da soli. Giallo riuscì finalmente a vedere la luminosità del sole. Verde ebbe un cagnolino. Arancione si sgonfiò. Blu imparò a nuotare, Indaco a suonare il violino e Viola a fare grandi chiacchierate. Erano i regali delle stelle. Avevano superato i loro limiti. Alla bambina dai capelli rosa furono consegnate le chiavi d'oro della città. Quel giorno Rosso le si avvicinò.

– Puoi svelarmi i tuoi segreti? Come fai a volare? E come ti chiami?

– Il mio nome è Arcobaleno. Volo con la fantasia e puoi farlo anche tu.

Federico era elettrizzato.

– Nonna questa favola è fantastica!

– Certo, lo è. A volte tutto è più semplice di quel che sembra. Nessuno si era accorto che bastava avvicinarsi. Sulla carrozza di Arcobaleno c'era scritto: "Guardando più vicino, si vedono le cose invisibili".

Drinnn Driinnnnn. Il telefono.

– Fede, rispondi tu, per favore?

– Sì.

– Mamma sei tu? No, non venire a prendermi. Resto a cena dalla nonna. Dobbiamo catturare le stelle.

Ma da grande posso fare il supereroe?

risponde Francesco Toldo, calciatore

Sì, da grande puoi fare il supereroe, certo che puoi farlo! Ma sappi che i supereroi si riconoscono dalle ginocchia sbucciate, oltre che dal mantello. E hanno mangiato polvere in qualche campetto di periferia. Puoi diventare “super”, certo che è possibile, ma per farlo non ti basterà guardare la televisione o giocare ai videogiochi, anzi ti consiglio di spegnere tutto per un po’ e di ascoltare la mia storia. Io

sono alto quasi due metri, quindi in qualche favola per bambini mi avrebbero descritto come un gigante. La mia missione era parare palloni in un campo di calcio. E lo sono diventato, un supereroe. Mi allungavo, rotolavo, volavo. Ero un numero 1. Ero il portiere della squadra di calcio del nostro Paese, la nazionale che 20 anni fa partecipò ai Campionati europei. Nella semifinale contro l'Olanda parai tre rigori in una partita e, grazie anche a quelle parate, l'Italia volò in finale con me. Ne parlò mezzo mondo e ne parlano ancora, ma io non voglio raccontarti quanto ero bravo, voglio rivelarti un segreto: io sapevo tutto. No, attenzione, qualcuno dice che avevo previsto quei rigori come in una specie di sogno o di magia, ma non è questo che intendo. Io ho parato quei rigori perché avevo studiato i miei avversari, conoscevo il linguaggio del loro corpo ed ero in grado di indovinare ogni possibile mossa. Ecco

cosa intendo quando dico che sapevo tutto: praticamente prevedevo dove avrebbero tirato. In quel momento sono stato considerato un supereroe. Ho avuto riconoscimenti, trofei e soddisfazioni. Ma all'inizio non è stato facile. Sono diventato un vero portiere andando via di casa a 16 anni: volevo allenarmi in una squadra vera. Prima giocavo nel campetto della mia città, un campo in terra: mi sbucciavo le ginocchia e i gomiti atterrando sul "duro" dopo quei voli da un palo all'altro. Ricordo ancora che a scuola i jeans si attaccavano alle croste sulle mie ginocchia. È in quei momenti, è in quei giorni che ho cominciato a essere un supereroe, un vero numero 1, non quando ho firmato contratti importanti sotto i riflettori delle tv e dei fotografi. La stessa cosa vale per altri. Un mio amico, si chiamava Gabriel, altro supereroe, era il numero 1 dei numeri 9. La sua arma era la potenza, ma pochi sanno che passava ore e ore ad allenare il suo tiro, e così cominciò a far gol anche di sinistro, che non era il suo piede. Un altro numero 1, Roberto, era il numero 1 dei numeri 10. Lo hanno tormen-

tato gli infortuni, giocava con un ginocchio pieno di cicatrici e punti di sutura, ma non ha mai mollato, e ha fatto cose meravigliose coi suoi piedi, che erano magici, e con la sua testa, altrettanto eccezionale, e ha saputo sopportare così a lungo il dolore e la fatica. A proposito di rigori,

lui ha sbagliato quello più importante, in una finale, ma resta un campione. E anche la finale di quegli Europei di 20 anni fa non è andata bene. L'abbiamo persa, ma si può dire che abbiamo vinto la medaglia d'argento, che è una bella medaglia. Sapete, i rigori vanno e vengono, come le parate, come le vittorie, per non parlare della fama e del denaro. I riflettori si accendono e si spengono. Ma non bisogna aver paura di sbagliare un rigore, lo diceva anche una canzone, non bisogna mai aver paura di prendersi una responsabilità e non bisogna aver paura di crescere, anche se a volte è faticoso.

Ma cosa c'è sopra il cielo?

risponde Giancarlo Perego, giornalista

Sopra il cielo c'è un mondo quasi come questo, fatto di tanti uomini, donne e bambini. Lo chiamano il popolo delle nuvole. Non si vedono, ma loro vedono noi. Loro sono più vicini alle stelle: ogni persona vive in una stella. Quando si vogliono vedere, si ritrovano in una piazza del cielo. È una piazza grandissima dove ci sono tanti cuscini colorati e una gelateria. Sopra le nuvole vendono solo gelati: li mangiano tutti, anche uomini e donne con i capelli bianchi, perché quando vai lassù, tutti tornano bambini.
E c'è un solo capo a turno. È un bambino che comanda per un mese tutto il popolo delle nuvole.
Il mese dopo comanda un altro bambino e così via. Il bambino che comanda ha una poltrona blu per confondersi nel

cielo, così nessuno può scoprirlo. Decide anche quando deve piovere. Quando le sentinelle che osservano la Terra vedono che ci comportiamo male, ecco che si scatena la pioggia che lava tutti i nostri problemi perché noi, qui nelle città, non siamo capaci di risolverli. E quando i problemi diventano grandi come le montagne, ecco allora che al mattino presto, quando noi stiamo ancora dormendo, arriva la nebbia. Una nebbia fitta che non riesci nemme-

no a vedere il tuo naso. La nebbia serve al popolo delle nuvole per scendere velocemente sulla Terra, nelle nostre strade, in casa nostra, per sistemare le cose che non vanno. Riparano tutto velocemente e poi spariscono prima che tu possa vederli. Adesso dirai: ma che mezzo usano per scendere sulla Terra? Usano il cuore e l'immaginazione, che sono collegati alle persone che hanno amato quando erano sulla Terra. Sono delle onde, non come quelle del mare che le vedi, ma onde forti, potenti, invisibili. Onde con la colla, il trapano, il cemento, i chiodi e tante mani per riparare i guasti che abbiamo fatto noi. Poi, dopo la grande

fatica, il popolo delle nuvole va a riposare nelle stelle. Qui ci sono letti giganti, un'aria pulita, l'acqua dei torrenti per bere e lavarsi. E in ogni stella ci sono un cane e un gatto che ti fanno compagnia. Ci sono anche tanti alberi, che non vengono mai tagliati, e nei buchi dentro i tronchi ci sono dei libri. Non i libri di scuola, ma quelli che ti raccontano il futuro. In un libro, mi hanno detto, c'era scritto che fra cento anni il cielo farà un regalo a tutti. Si abbasserà di colpo. Le nuvole spariranno per un giorno e tutte le persone, quelle del popolo della Terra e quelle del popolo delle nuvole, potranno riabbracciarsi. L'incontro avverrà in un

bosco. Qui tutti potranno respirare allo stesso modo e ringrazieranno gli alberi per il loro respiro.

– Grazie albero, non ci avevo mai pensato. Davo tutto per scontato. Io vivo grazie a te, ha detto il rappresentante del popolo della Terra.

– Anch'io, qui sulla Terra, non ci avevo mai pensato. Ma sopra le nuvole si capisce di più il dono, ha risposto un membro del popolo delle nuvole.

Il dono, che cosa vuol dire? Il dono del respiro. Non costa niente, ci fa vivere, ma quando manca sono guai, come quando sulla Terra incontri i virus che attaccano i polmoni, si chiama Coronavirus, ma non è un re ed è cattivo e crudele. Noi tutti, sulla Terra, a preoccuparci di possedere ricchezze, ma quando voli oltre le nuvole capisci quanto sono importanti le piante della tua città. Anzi, bambini, andate in strada e piantate un albero. Tanti alberi diventeranno un bosco, il bosco di Paola con le sue migliaia di piantine. Le piantine sono ancora qui, sulla Terra. Paola, invece, che è una nonna, è in una stella a riposare, come tutte le nonne del mondo sopra le nuvole.

Ma lo sai che le cose mute parlano?

rispondono Maura Levi, medico psicoterapeuta e Davide Romano, Comunità Ebraica

Cosa accadrebbe se tu potessi avere un telecomando, proprio come quello della televisione, per abbassare il volume di tutte le cose che ti circondano? Prova a immaginare un uomo in mezzo alla strada che urla contro una macchina che non l'ha fatto passare, oppure un gruppo di bambini che canta "tanti auguri a te", o anche un cane nel giardino sotto casa che abbaia rincorrendo una palla. Potresti lo stesso capire cosa sta succedendo

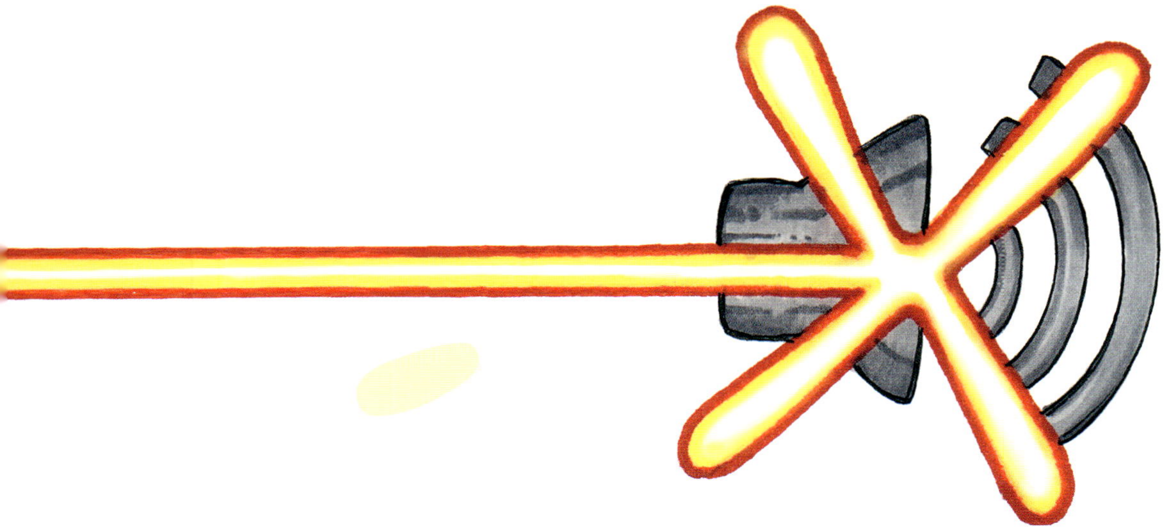

se togliessi il suono con il nostro magico telecomando? Certo che sì. Sono tutte scene che hai sicuramente visto almeno una volta nella tua vita. Ma la cosa stupefacente è che, se osservi con attenzione, potrai scoprire qualcosa di più. Se non senti il suono della sua voce, puoi sapere che l'uomo della strada è arrabbiato scrutando i suoi occhi. Possono essere spalancati o socchiusi, esprimere ira o severità. Cosa ti suggeriscono? Anche la posizione delle braccia e delle mani può dirti qualcosa di lui. Certo se le mani gesticolano velocemente, intuirai che è agitato. Se invece le ha dietro la schiena, può voler dire altro, no? Ora pensa ai bambini. Con l'audio, vedi solo delle bocche che si muovono tutte insieme. Ma se togli il volume e guardi meglio, forse potrai anche notare quel bambino in fondo a destra che non canta, con gli occhi tristi che guardano in basso. Oppure quella bambina che nel cantare non rivolge lo sguardo al festeggiato, ma alla sua amica a cui tiene la mano. O l'espres-

sione furba di due bambini impegnati a cantare più forte degli altri. E del cane, oltre all'abbaiare che non senti più, cosa puoi notare? Guarda se ha il collare e il pelo curato e c'è un padrone con lui. Cerca di capire se le zampe si muovono bene e se corre veloce o lento… Un uomo, dei bambini, un cane. Quando hai letto di loro te li sei figurati, vero? E, anche se non avevano voce, hai pensato e osservato nella tua mente dei particolari a cui, forse, non avresti fatto caso. Sì, perché spesso non c'è bisogno di usare le parole per esprimersi. Gli occhi, le mani (o le zampe!), le spalle, il corpo e persino i vestiti talvolta parlano. Possono dire tante cose:

come ci sentiamo, cosa pensiamo, l'affetto, il dolore e a volte un pezzettino della nostra storia. Basta osservare. Fermati di più a considerare le cose, goditi i particolari, non ti far distrarre dai rumori. Solo così potrai entrare in un altro mondo, che vive insieme al tuo. È il mondo delle cose mute che parlano. Non servono parole magiche per entrarci, basta fare un clic dentro di te e silenziare tutto.

Guardati intorno con occhi nuovi e capirai che c'è molto di più di quanto vedi. È come essere su un prato. Quando sei in piedi, scorgi solamente l'erba. Se ti siedi, inizierai anche ad accorgerti delle formiche, dei lombrichi, delle coccinelle e di tutto quell'universo a cui prima non facevi caso. La vita offre diversi mondi, tante sfumature che rendono più colorate le esperienze. Sta a te, solo a te, premere quel tasto del telecomando per vivere i molti, invisibili universi che ci circondano.

Ma uno scorpione può pungere un cactus?

risponde Giuseppe Sala, Sindaco di Milano

Una bella domanda! Sì, lo scorpione può colpire un cactus con il suo pungiglione, ma rischia di essere punto dalle tante spine del cactus. Insomma, probabilmente si farebbero male tutti e due, perché nella realtà funziona sempre così: la violenza porta sempre altra violenza e alla fine tutti ci rimettono qualcosa.

Vale per il cactus e lo scorpione e vale anche per le persone, per i bambini come per i grandi: la violenza è

sempre un male. Spesso la violenza nasce dalla paura: dalla paura di ciò che non conosciamo, di ciò che è diverso o di ciò che non riusciamo a capire e pensiamo possa essere pericoloso per noi o per le persone a cui vogliamo bene. Anche lo scorpione con il suo pungiglione, per esempio, è sicuramente spaventoso, ma quel pungiglione gli serve per difendersi; ai suoi occhi noi, che siamo molto più grandi e grossi di lui, siamo ancora più spaventosi. Del resto anche gli elefanti hanno le zanne, i cervi hanno le corna, ma que-

sto non vuol dire che siano cattivi o che vogliano farci del male. A volte però le persone cattive e i pericoli esistono davvero. Noi possiamo distinguere il bene dal male senza fermarci alle apparenze: per farlo, dobbiamo essere sempre curiosi, dialogare, cercare di conoscere chi abbiamo davanti. Soprattutto possiamo dimostrare che la violenza

è inutile, provando che si possono difendere le proprie idee con la parola e con l'intelligenza: di solito chi ricorre alla violenza non possiede né l'una né l'altra. Ci sono stati grandi uomini nel passato che, senza usare violenza, con il dialogo e con la tolleranza hanno fatto grandi cose, hanno abbattuto imperi e liberato interi popoli. Io sono sicuro che anche noi possiamo fare tanto, ciascuno nel suo piccolo, cercando di essere sempre aperti e tolleranti, e aiutando

chi è in difficoltà. Nella nostra città, a Milano, sono tantissime le persone che fanno questo ogni giorno. Non sono supereroi come nei cartoni animati, ma persone normali, che ospitano chi è senza casa, che danno una mano a chi ha perso il lavoro, che accolgono, comprendono e sostengono le donne incinte in difficoltà, come da anni fanno il Centro di Aiuto alla Vita Mangiagalli e i suoi volontari. Lo fanno senza ricevere ricompense e senza guardare se uno è brutto o diverso, perché sono convinti che vivere in una città dove tutti possono contare sull'aiuto degli altri è più bello: è questa la loro vera ricompensa. A essere migliori si impara soprattutto da piccoli, quando si ha la mente più aperta, quando non si hanno pregiudizi, quando si è più disposti a conoscere tutti, anche quelli che ci sembrano brutti come uno scorpione... Persino lo scorpione più cattivo, quello che punge la rana che lo sta aiutando ad attraversare il fiume: ma questa è un'altra storia!

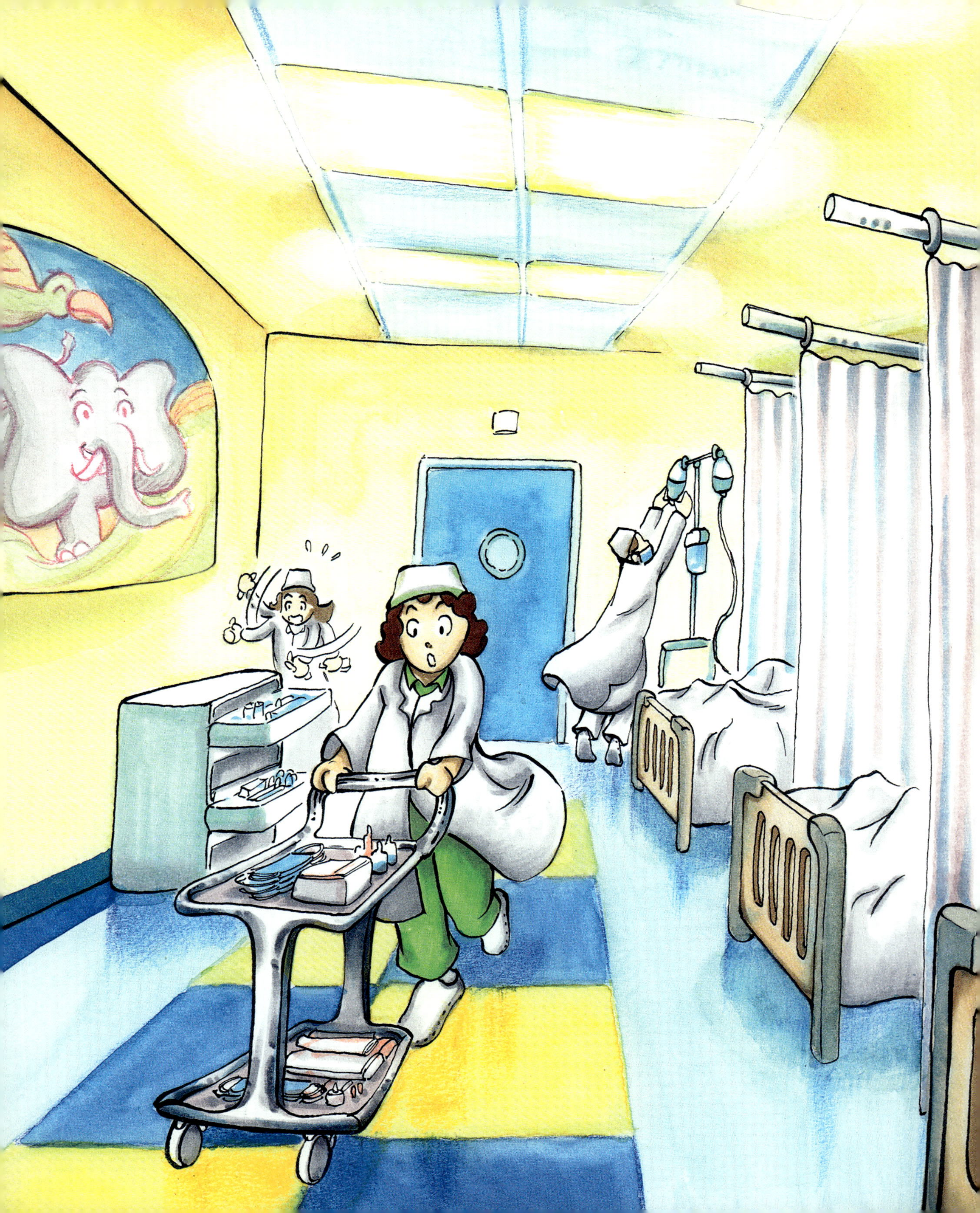

Ma i dottori e le dottoresse dormono?

risponde Gian Vincenzo Zuccotti, medico pediatra

So perché me lo chiedi. Ti sarà capitato di avere febbre alta, tosse o mal di pancia e di essere accompagnato in pronto soccorso di notte, dalla mamma e dal papà, magari proprio nell'ospedale dove lavoro io. Così, mentre a te cascava la testa dal sonno e non riuscivi a tenere gli occhi aperti, hai scoperto che lì, invece, sono tutti attivi anche quando sarebbe il momento di dormire, come in un formicaio ben organizzato dove formiche regine e operaie lavorano senza sosta, spartendosi i compiti. I dottori e le dottoresse dormono, certo, anche infermieri, infermiere e ausiliari, altrimenti non avrebbero le energie per curarti. Hanno imparato a stare svegli, oppure a riposare nelle ore più strane, per dare il cambio ai colleghi stanchi. Grazie a loro, in ospedale c'è sempre qualcuno pronto a farti stare meglio, con tutte le sue attenzioni. A volte è la preoccupazione a non farci prendere sonno, come nel periodo in cui nell'ospedale dei bambini che dirigo – il Buzzi di Milano – abbiamo accolto piccoli ammalati di Covid-19, quel Coronavirus che ci ha costretti a chiudere le scuole per mesi e indossare mascherine. Alcuni di loro sono stati ricoverati, da neonati di due mesi a ragazzi di quasi 18 anni, quindi hanno dovuto dormire in ospedale per qualche giorno, per fortuna con mamma e papà al loro fianco. Sono guariti tutti in breve tempo e sono molto orgoglioso di come si sono comportati, aiutando noi medici a capire tante cose su questa nuova infezione che nessuno ancora conosceva. Sì, perché voi bam-

bini, quando volete, sapete dotarvi di superpoteri: calma, obbedienza, attenzione, collaborazione e soprattutto quel sorriso furbetto con cui riuscite a rendere facili anche cose che per gli adulti non sempre lo sono. Per esempio, indossare la mascherina divertendovi come a Carnevale. Il mio nipotino di 2 anni mi ha visto tante volte con la mascherina

a coprirmi mezza faccia. Ero preoccupato, pensavo si sarebbe messo a piangere davanti a un nonno con una specie di becco, invece ha reagito benissimo, e io mi sono sentito più tranquillo. Anche voi bambini che leggete questo racconto l'avete indossata e so quanto sia stato noioso restare chiusi in casa così a lungo senza poter incontrare i vostri amici, i cugini, magari nemmeno i nonni. Ma forse proprio grazie a questo sacrificio siete riusciti a non ammalarvi in tanti. In ospedale abbiamo dovuto prendere misure più complesse per contenere il contagio, lavorando febbrilmente come le nostre amiche formiche: abbiamo suddiviso con attenzione i malati, abbiamo dato medicine a medici e infermieri, ma anche delimitato aree di osservazione, cambiato i percorsi, costruito pareti, separato gli ascensori... Tutto per distanziare il più possibile le persone infette da quelle sane. Ed è servito. Però lo sforzo più importante è stato mantenere un atteggiamento positivo: è fondamentale quando si tratta di malattie e ospedali. Pensate che i dottori abbiano muscoli d'acciaio anche nel cuore come gli eroi di certe favole? La verità è che, per quanto ci alleniamo, vedere i pazienti che stanno male ci rattrista e a volte ci dà pensiero. Ma voi, bambini, con

le vostre antenne speciali capite tutto, sapete che continuare a sorridere è importante e questo rende più semplice ogni cosa. Siete voi che rassicurate i vostri genitori e anche noi medici, accettando la situazione senza fare tante domande. A parte quelle "impossibili", naturalmente, su cui abbiamo scritto questo libro. Siete fantastici, bambini, le vostre trovate mi fanno sempre ridere. Mi ricordo una volta, avevo appena finito di operare un bambino di 7 anni. Vado nella sua stanza a vedere come sta dopo il risveglio dall'anestesia ed entrando lo sento dire: "Ma sai, mamma, che il dottore mi ha trattato bene anche se è interista?". Poi si accorge della mia presenza, mi guarda e aggiunge: "Grazie per aver curato

un milanista". Non dimenticherò mai la sincerità di quella frase riconoscente. Era serio e quelle parole mi hanno colpito. Allo stesso tempo però ero divertito: in quel momento, il tifo calcistico era l'ultima cosa a cui avrei pensato. Gli ho risposto con un sorriso, perché con quella piccola frase aveva cancellato fatica, dubbi, ansie. Episodi come questo alimentano la passione per il mio lavoro e nei momenti di stanchezza mi restituiscono la forza necessaria per superare la tensione e le difficoltà di ogni giorno. È grazie a cose del genere che i dottori e le dottoresse dormono.

Ma se andiamo in Africa diventiamo africani?

risponde Christian Meyer, batterista

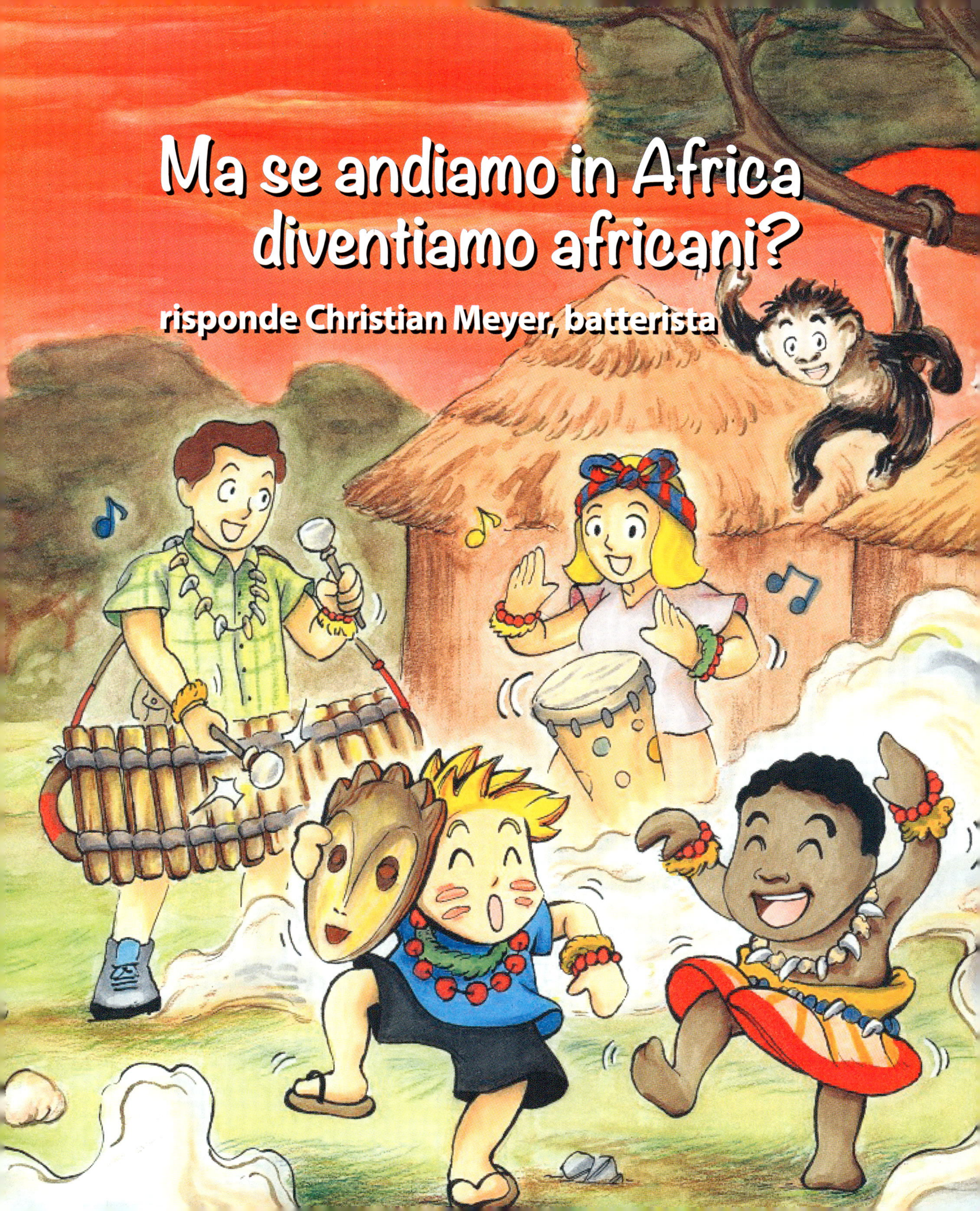

No, non si diventa africani andando in Africa, per il semplice fatto che siamo già africani. E non solo perché i nostri progenitori, all'inizio della lunga storia del mondo, popolavano il Continente Nero. So cosa stai pensando: "Africano io? Ma se ho la pelle bianca!". Ti sembrerà strano, ma per essere africani non serve la pelle nera. E non serve nemmeno per diventare un bravo batterista. Ti racconto una storia. Un giorno, un bambino di città che si chiamava Marcolino Pim Pum Pam va in campagna a trovare i nonni. Quando si fa sera, per bruciare le sterpaglie dell'orto, il nonno accende un falò. È la prima volta che Marcolino sta seduto davanti al fuoco, è molto eccitato e

qualcosa di magico accade in lui. Le fiamme lo incantano ondeggiando ritmicamente verso l'alto. Resta immobile, lo sguardo fisso sui bagliori rossi e gialli, rapito da quella visione ipnotica. E a un certo punto, all'improvviso, per l'emozione grida: "Il fuoco mi sta parlando, riconosco la sua voce!". Com'è possibile – dirai tu – riconoscere qualcosa che non si è mai visto prima? È una magia che accade quando si apre quello speciale scrigno che chiamiamo memoria ancestrale, una specie di racconto antico come l'umanità, custodito da sempre dentro ognuno di noi. "Dai, ora sai chi sono, non rimanere lì impalato – dice il fuoco a Marcolino – va' nel

bosco a cercare dei legnetti per farmi continuare a divampare, altrimenti mi spengo". Marcolino obbedisce perché comprende che per mantenere vivo il fuoco bisogna alimentarlo con cura e dedizione. Da quel giorno, il fuoco gli sarà sempre amico, soprattutto per cucinare delle buone crêpes al cioccolato. Fine della storia. Quello che voglio dirti è che la musica è come il fuoco, una voce amica che risveglia in noi emozioni profonde. Ma per diventare un bravo batterista non basta. Quando ero ragazzino, e avevo cominciato a suonare, in casa si ascoltavano quei dischi di jazz che parlano tanto di Africa. Quel ritmo mi colpiva, eppure ancora non sapevo cosa si prova davanti a cinque africani in carne e ossa mentre percuotono insieme i loro tamburi. Lo avrei capito a 10 anni, in vacanza in Kenya con i miei genitori, durante uno spettacolo di musica tribale che ha segnato il vero inizio della mia storia di batterista. Ricordo che quei cinque percussionisti, con la loro musica, riuscivano a creare un'onda sonora dalla forza sconvolgente, da cui mi sentivo quasi travolto. Un impeto di bellezza che mi ha raggiunto nel profondo, facendo saltare con un colpo secco la serratura del famoso scrigno. A quel punto, mi sono innamorato del ritmo come mai prima e l'unico desiderio era imparare a suonare in quel modo. Ormai l'hai capito, vero? Il ritmo è come la scoperta del fuoco: tramandato di generazione in generazione dai nostri antenati africani, è l'inizio di una storia che ci hanno raccontato ancora prima di nascere e sta a noi scriverne il seguito. E sai qual è il bello? Non è un problema geografico, anche tu puoi diventare un grande batterista,

perché quel ritmo ce l'hai in corpo. Tutto quello che devi fare è ascoltare la musica, appassionarti e studiare come un matto, cercando sempre di divertirti. Io, per esempio, non ho mai smesso. Come non ho mai smesso di essere grato agli africani, perché i generi che oggi ci fanno ballare, persino la musica trap o pop, arrivano dall'Africa. Ma quando vedo un musicista suonare divinamente il ritmo – e ce ne sono tanti in tutto il mondo – mi commuovo e mi dico: ecco, siamo africani anche se non abbiamo la pelle nera. Con il desiderio di andare oltre l'inizio della storia, possiamo tutti inventare nuovi ritmi, proiettando la musica verso il futuro. E diventare fra i migliori batteristi al mondo. Io non ci sono ancora riuscito.

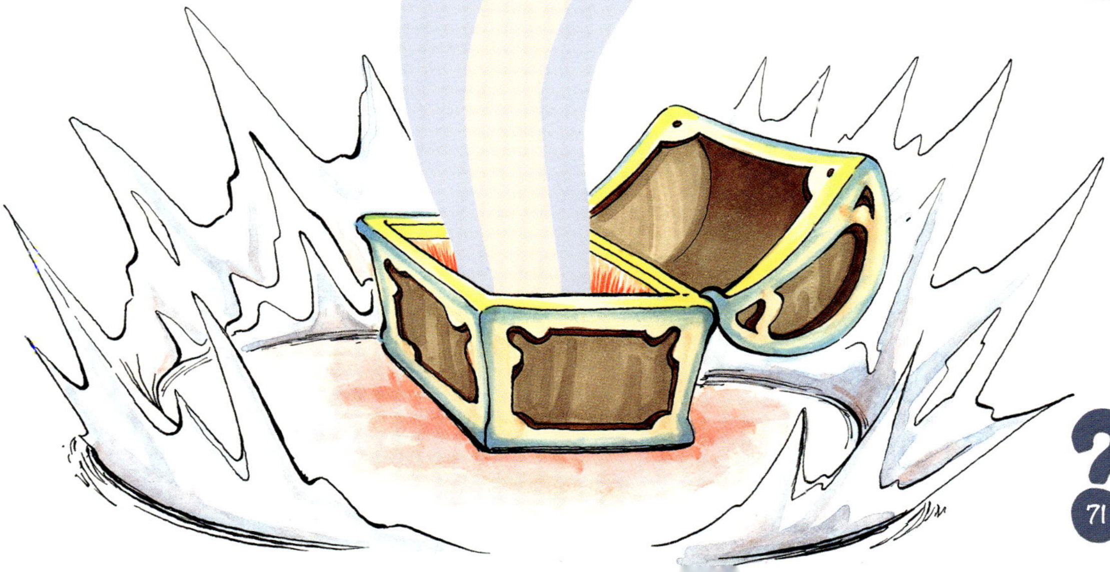

Ma come si fa a sparire nel paese del futuro?

risponde Giannino della Frattina, giornalista

Ma no Francesco, non basta chiudere gli occhi e contare fino a 999. Perché tu sai già da un pezzo contare fino a 999, vero?

– E allora come si fa a sparire nel paese del futuro?

– È una storia lunga, Francesco. Molto lunga. Ma poi che bisogno c'è di sparire? E, soprattutto, perché vuoi sparire proprio nel futuro, che mi sembra un posto così buio e magari può fare anche un po' di paura, soprattutto ad andarci da soli?

C'era una volta un bambino. Anzi no, i bambini erano due. E come tutti i bambini, ma anche come quei grandi che riescono a rimanere bambini perfino crescendo, avevano grandi idee.

– Io, invece, avrei bisogno di bulloni, di un cacciavite e di un po' di lamiere. Me le potresti procurare?

– E a cosa ti servono, Ludovica, cacciavite, bulloni e lamiere?

– Vorrei costruire una macchina del tempo e poi deciderò se andare nel futuro o nel passato.

– Ma allora è proprio una mania di voi bambini questa di scappare.

– Voglio andare indietro nel tempo, quando il Covid-19 non c'era ancora oppure in avanti, quando avranno scoperto il vaccino e il virus non ci sarà più.

– Una bella idea, Ludovica.

– Prima la costruisco questa macchina e poi decido, ma ci voglio portare tutti i miei amici. E anche i compagni di scuola che nei giorni della pandemia non ho mai potuto vedere.

– Anche il papà e la mamma, spero.

– Certo. E poi Francesco, anche se lui ha già deciso di andare nel paese del futuro.

Passato o futuro, sarà difficile decidere. Comunque sembra di capire che siate a caccia di un posto dove poter disegnare un mondo che vi piace, fatto dei vostri sogni e desideri. Siete forti, voi bambini che non avete pazienza. È come quando chiedete alla mamma di friggere veloce le patatine che vi piacciono tanto. E lei lo fa, ma lei è la mamma e la vita non sempre, anzi quasi mai, funziona così. Ci vuole pazienza, tanta pazienza Francesco, perché anche il viaggio più lungo, come quello nel paese del futuro, comincia con un piccolo passo. Lo diceva un uomo molto, ma molto saggio che si chiamava Lao Tze. Aveva una barbetta lunga e viveva nella Cina di venticinque secoli fa. Duemilaecinquecento anni. Se Ludovica riesce a costruire la macchina del tempo, potrete andarlo a trovare insieme. Ma magari, passando, fermatevi da Diego. Era il bisnonno di Ludovica, un uomo buono e giusto, e la sua passione era piantare

gli alberi. Sapeva che non li avrebbe visti diventare grandi, perché gli alberi per diventare grandi ci mettono tanto, qualche volta tantissimo tempo. Ma siccome era generoso, diceva che lo faceva per i suoi figli, per i suoi nipoti e anche per i suoi pronipoti. Forse anche per te, Francesco, che potresti invece portare Ludovica a trovare la nonna Paola. La sua passione era far nascere i bambini. Ne ha fatti nascere davvero tantissimi e ancora oggi ci sono persone che fanno nascere i bambini perché lei ce lo ha insegnato. Ecco, forse quello degli alberi da piantare e dei bambini da far nascere è il più bel paese del futuro nel quale andare. Un posto che si può raggiungere senza bisogno di chiudere gli occhi e nemmeno di costruire una macchina del tempo con il cacciavite e i bulloni. Basta essere capaci di produrre amore, con generosità e grazia, così come le api producono il miele: senza farsi tante domande o lamentarsi per la fatica, ma solo perché non ne possono fare a meno. E poi, con tutto quell'amore, far nascere i bambini, che poi fanno nascere altri bambini e poi ancora bambini. Perché la verità è che il paese del futuro siete voi piccoletti. Non dimenticatelo mai. E soprattutto ricordatelo sempre anche ai grandi.

Ma quando una bambina ride è innamorata?

risponde Leonardo Manera, comico

Ognuno di noi ha dei poteri magici, che non sa nemmeno di possedere. Uno di questi è il potere di innamorarsi. Succede a tutti, prima o poi, ma è un potere così magico che non possiamo decidere prima quando e di chi innamorarci. È un potere che può cambiare la vita. Quando l'innamoramento si scatena dentro di noi, succede di tutto: gli occhi diventano più luminosi e quasi cambiano colore, ci sentiamo più forti, la curva della bocca diventa sorridente anche se stiamo mangiando i broccoli, le orecchie sentono solo i rumori belli e il naso dà importanza solo ai profumi. Insomma, quello di

innamorarsi è il potere più importante della vita. Ma non è riservato ai supereroi: anche Mario, Silvia, Raffaella, Antonio, Giovanni, Paola, Egidio e tutti gli altri possono innamorarsi. Quella che vi voglio raccontare oggi è la storia di una bambina che si chiama Marta, una bambina che pensava di non potersi innamorare. Marta ha i capelli lisci lisci che le arrivano fino in fondo alla schiena, gli occhi castani e le dita lunghe, affusolate. Marta vede che tutte le sue compagne di classe hanno una simpatia per alcuni compagni. Lei, invece, che è un po' timida, quando si incontra con i suoi amici non riesce mai a trovare qualcuno a cui aprire completamente il suo cuore. Un giorno i genitori di Marta la portano a fare una gita al parco acquatico, dove ci sono molte cose da fare: si può nuotare nelle piscine che hanno le onde come quelle vere del mare; ci sono gli scivoli che ti portano velocissimi fino in fondo e si può provare a nuotare controcorrente. Marta, insieme ai genitori, fa tutto quello che può fare: nuota, mette la testa sott'acqua, si fa portare in alto dalle onde e urla forte quando scende rapidissima dagli scivoli. Alla fine, poi, prima di andare a casa, i genitori di Marta decidono di andare tutti insieme a prendere un bel gelato o un trancio di pizza al bar del parco acquatico. E proprio lì, nel tavolino accanto al loro, c'è un bambino di nome Giovanni, che insieme al suo papà ha ordinato due ghiaccioli. Appena arrivano i ghiaccioli, però, Giovanni invece di mangiare il suo lo tiene per

lo stecchino e lo fa parlare col ghiacciolo del papà come se fossero due personaggi.

– Come ti chiami, ghiacciolo?

– Mi chiamo Flick e ho tanto caldo fuori dal frigorifero… E tu come ti chiami?

– Mi chiamo Flock, e anch'io ho tanto caldo fuori dal frigorifero…

– Avrei voglia di abbracciarti, Flock, ma se ci abbracciamo poi sentiamo ancora più caldo e ci sciogliamo tutti!

– È vero, ci vogliamo bene, ma non possiamo abbracciarci!

– Il nostro è un amore infelice!

Giovanni fa parlare i due ghiaccioli facendo voci diverse e, a forza di farli parlare, i ghiaccioli si sciolgono sul tavolo e non si possono più mangiare! E quando Marta sente che Giovanni inventa la voce per i ghiaccioli fino a quando non ci sono più, le viene proprio da ridere e le viene voglia di conoscere meglio quel bambino.

È a quel punto che Marta si fa proprio una bella risata e gli occhi le si illuminano. Marta e Giovanni, allora, cominciano a conoscersi, a parlare, a giocare e a ridere insieme. E di sera Marta torna a casa con il cuore più leggero e con la sensazione di possedere anche lei il potere di innamorarsi, grazie a una risata che ha fatto cominciare tutto. Quando una bambina ride non significa che è sicuramente innamorata, ma significa che il cuore un po' per volta le si sta aprendo e che un giorno, in mezzo a quel cuore, potrebbe comparire il superpotere dell'amore, che è l'unico in grado di farci stare davvero bene e di fare in modo che il mondo si rinnovi ogni giorno.

Ma perché non si può fischiare in classe?

risponde Filippo Massara, musicologo

Posso solo immaginare quanto si sia arrabbiata la maestra quando all'improvviso ti sei messo a fischiettare mentre tutti gli altri erano intenti chi a cantare, chi a suonare il flauto. Non si può fischiare in classe, a meno che non si decida di farlo tutti insieme per qualche ragione, perché la scuola è il luogo della voce, della parola, dell'ascolto, del silenzio. In sintesi: dell'armonia. Vorresti sempre alzare la mano e parlare, vero? Voi bambini siete affascinati dalla parola perché è uno strumento di cui avete imparato a servirvi. La parola dice non solo che siamo vivi, ma che una parte di noi vuole esprimersi e lo vuole fare non con una persona soltanto, ma con gli amici, gli insegnanti e tutti quelli che ci stanno intorno. La verità è che ciascuno di noi porta dentro di sé il suono della parola della mamma, che non è un fischio. Ascolta bene quello che sto per spiegarti. Non puoi ricordarti quello che è successo nei tuoi primi anni di vita, nemmeno se ti sforzi, ma puoi stare sicuro che tutto, proprio tutto di quegli anni – suoni di voci, musica, emozioni, avvenimenti intorno a te – è rimasto intrappolato nei fili di una memoria speciale che avrà per sempre su di te un potere che può sembrarti magico, ma è scienza. E indovina qual è stato il primo elemento a fissarsi in quella memoria? Proprio la voce della mamma. La cosa incredibile è

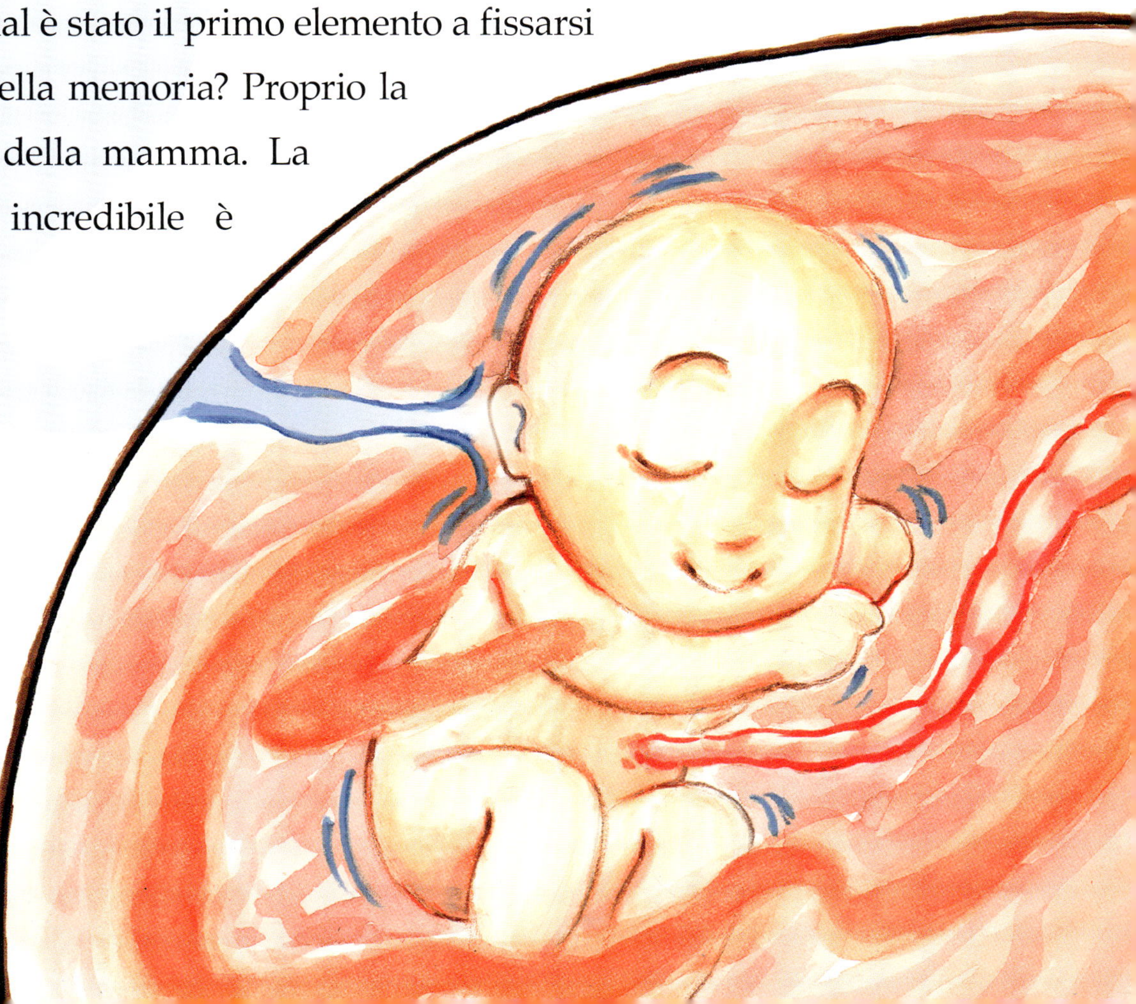

che il timbro di quella voce, sotto forma di vibrazione, "toccava" già la tua pelle quando eri nel suo pancione, ancora prima che il sistema uditivo fosse formato. Così come i suoni delle altre voci, i rumori, la musica. E ascoltarli ti faceva stare bene, come una carezza affettuosa, perché avevi la certezza di non essere solo. Quando sono nato io, nel 1929, nascere in casa era sempre un'avventura, soprattutto lo era venire al mondo con due mesi di anticipo e pesare poco più di un chilo. Al di là della presenza continua di un medico e dei mattoni caldi sotto il materassino della mia culla, sono state le continue parole di mia madre e il canto di mio padre tenore a darmi l'energia per crescere bene. Un'esperienza straordinaria che mi ha collegato una volta per tutte con il suono e la musica. L'ho capito più tardi, da ragazzino, quando mi è capitato un episodio che ora ti racconto. Un pomeriggio sono intento a giocare alla volpe e ai cacciatori con i miei amici: tocca a me fare la volpe e devo trovare un nascondiglio per essere imprendibile. A un certo punto decido di nascondermi in chiesa, infilandomi nello stretto spazio tra il muro e il confessionale, col fiato grosso per la corsa. Dopo un po', i miei amici entrano a cercarmi, ma nella penombra

inciampano e fanno cadere una sedia. Nel silenzio il colpo assume il suono di una bombarda. Dalla paura il mio corpo si irrigidisce, non ho più la forza di uscire dal nascondiglio. Da quell'angolo buio, sento le parole di una donna che si confessa e il mio timore aumenta: ascoltare una confessione è un peccato imperdonabile! In quel momento una nota d'organo delicatissima scivola dall'alto, forse un adagio di Mozart o di Bach, e altre si susseguono, una dietro l'altra, morbidamente, in un'onda musicale che, fondendosi con la voce della donna, un po' alla volta placa ogni mia tensione. Piango in silenzio per l'emozione di quello che sta accadendo dentro di me: sono in ascolto con tutto il corpo e la musica con il suo potere mi culla, distribuendo sulla pelle un sen-

so di beatitudine mai provato prima, che assomiglia molto all'idea di felicità che ho in testa. Mi dirigo verso l'uscita e una volta fuori dalla chiesa la luce mi riporta alla realtà: capisco che da quel momento la musica sarà sempre con me. Vi piace cantare, suonare e ascoltare musica, vero bambini? E allora unite le vostre voci e i vostri strumenti in armonia per emozionarvi e rinsaldare il legame dell'amicizia, che poi significa essere capaci di ascoltarvi reciprocamente, sapendo che ognuno di voi è lo specchio dell'altro. Quando decidiamo di metterci in ascolto, come accadeva nel pancione della mamma, la musica e le voci smuovono energie che, nutrendoci l'anima, ci fanno crescere nel contatto con gli altri. Ed è questo il vero senso della vita.

Ma Babbo Natale spiega anche le regole dei giochi?

risponde Valentina Marchei, pattinatrice su ghiaccio

Babbo Natale, quando porta i regali, non sempre spiega le regole dei giochi. Vuole che i bambini le scoprano da soli, per stimolare la loro fantasia e creatività. Comunque tanti giochi sono liberi da regole, possono essere vissuti in modo diverso. Da piccola, per esempio, ho ricevuto una bambola Barbie. Ci ho giocato per anni, cambiandole di continuo l'abbigliamento e, a seconda di come la vestivo, inventavo storie sempre differenti, fantasticando anche su come io mi sarei vestita o comportata da grande. Uno dei miei due fratelli, innamorato di auto e motori, sot-

to l'albero trovava spesso modellini di macchine da corsa. E ideava delle gare, con circuiti che toccavano ogni volta una stanza diversa della nostra casa: magnifici gran premi. Oggi è grande, fa il preparatore atletico ed è bravissimo a organizzare percorsi per i suoi atleti: sono circuiti speciali, creati grazie all'inventiva che ha sempre allenato

fin da piccolo, fin da quando spingeva le sue macchinine, mimando con la bocca il rumore del motore. Io la vedo così: Babbo Natale, che conosce le passioni dei bambini, sceglie sempre per loro giochi che li aiutino a svilupparle. Quando porta i giochi, vuole alimentare i sogni di chi riceverà quei doni. Ecco perché spesso non hanno regole. A volte questi giochi sono più complicati e bisogna comprendere il meccanismo che li fa funzionare, a volte sono soggetti a schemi senza i quali risulterebbero poco divertenti o non avrebbero senso. Senza regole uguali per tutti, tanti di questi giochi sarebbero solo delle scatole vuote. Però appena si acquisisce dimestichezza prendono vita, si animano, diventano sempre più appassionanti, stimolando, oltre alla fantasia creativa, anche la voglia di crescere e progredire. E, fra i giochi con le regole, i migliori sono quelli che consentono di partire da uno schema per andare oltre, rispettando le regole certo, ma portandole ai loro limiti

estremi, dove il divertimento diventa piacere assoluto. Il mio "gioco" preferito è diventato il pattinaggio artistico su ghiaccio. Che è uno sport, è vero, ma molto divertente, proprio come un gioco. Seguire la musica, scivolare sul ghiaccio, prendere velocità e sentire l'aria sbattere sul viso, saltare, fare le piroette, vestire un costume rilucente come quelli di Barbie: fantastico! Ho preso confidenza col ghiaccio in fretta, ma presto ho anche scoperto che per divertirmi davvero dovevo dedicargli tempo: più delle poche ore settimanali degli inizi. Con gli anni, sono scesa in pista praticamente ogni giorno per diverse ore, sono diventata molto brava e, nel rispetto delle regole basilari, sono passata a interpretazioni sempre più difficili. Lo ricordo bene: quando a 7 anni Babbo Natale ha lasciato sotto l'albero i miei primi pattini, non mi ha spiegato come usarli. Mi ha dato carta bianca: "Va' e falli correre!". Non era una regola, ma un'esortazione, un incitamento a imparare, a migliorarsi sempre più. Le regole le ho imparate io e la più importante era questa: segui la tua strada e sii felice.

Ma dov'ero quando non ero ancora nato?

risponde Daniele Marzano, papà blogger

Alzi la mano, bambini, chi ha chiesto a mamma e papà qualcosa di simile almeno una volta nella vita, magari guardando un filmino del loro matrimonio o un video registrato prima della vostra nascita. Anche da qui, dall'altro lato della pagina, vedo quasi tutte le vostre mani alzate. Forse lo avete chiesto nel modo sbagliato, "nasciuto" invece di "nato", ma la sostanza resta la stessa: la vostra curiosità di sapere dove foste prima di entrare nella pancia della mamma. Questa domanda piccola, eppure così grande, ha fatto capolino

almeno una volta nella vostra mente. Me l'hanno chiesto anche i miei bambini guardando il video di quando io e la loro mamma ci siamo giurati amore per sempre, e avevamo gli occhi a forma di cuoricino e tante farfalle nello stomaco di tutti i colori del mondo. È difficile immaginare che un giorno voi non eravate ancora qui sulla Terra a prendere tutti gli abbracci e l'amore che meritate e che merita ogni bambino del pianeta. Io, con i miei bambini, a questa domanda rispondo sempre allo stesso modo: eravate nei pensieri della mamma e del papà. Loro sor-

ridono e ci guardano la testa e scostano i nostri capelli, cercando una traccia della loro presenza. Che bello sapere di essere stati amati, desiderati e sognati ancora prima che una nostra cellula si formasse. Che bello sapere che su, nel cielo, il Grande Regista del mondo aveva già scritto il nostro nome ancora prima del giorno della nostra nascita. Che meraviglioso miracolo pensare che noi siamo amati per la nostra unicità, da sempre e per sempre. È un pensiero che deve farci sentire coccolati, protetti, ogni giorno della nostra vita. Anche in quelli più difficili e duri, in cui nulla sembra andare per il meglio. Ognuno di voi, bambini, in questa meravigliosa avventura chiamata vita, fa il viaggio a modo suo. Ognuno con le proprie esperienze, scoperte, traguardi, domande e risposte. C'è chi si fa stringere forte dagli abbracci dei propri genitori, c'è chi ogni sera guarda verso l'alto e cerca nelle stelle una luce amica. C'è chi poi, una volta cresciuto, passeggia fi-

ducioso a spasso per il mondo, cercando qualcun altro da amare e che lo possa amare. Magari c'è chi sogna di diventare papà come me, o c'è qualche bambina che sogna di diventare mamma. E un giorno si troverà a pensare al proprio piccolo. Ecco, bambini. Pensate che un giorno potrà capitarvi la fortuna di stringere tra le braccia una nuova vita. E che ci sarà un bambino che nascerà e magari guarderà il filmino del vostro matrimonio per chiedervi con tanta curiosità e fiducia: "Dov'ero, papà e mamma, quando non ero ancora nato?". Eri nei pensie-

ri della mamma e del papà. Ed eri un po' anche nelle pagine di questo libro. Perché le magie più belle nascono quando meno te le aspetti. Arrivano all'improvviso come l'arcobaleno dopo una pioggia così forte che ci aveva costretto a trovare riparo. E ti fanno venire la bocca a cerchio per la sorpresa, ti fanno battere il cuore forte forte e ti fanno gridare verso il Cielo: grazie per tutto quello che mi hai regalato.

Ma lo squalo chitarra suona per davvero?

risponde Emanuela Niada, scrittrice

Nelle profondità dell'oceano, uno squalo chitarra di nome Jimi sta componendo una nuova canzone, quando all'improvviso un'ombra incredibile cala sulla superficie dell'acqua. Una gigantesca onda minacciosa, che pare salita dalle viscere degli abissi, si è sollevata verso il cielo, oscurando per un attimo la luce del sole, quasi a raccogliere tutte le sue forze prima di gettarsi sulla costa. Tra gli abitanti del mare, a causa dell'insolito moto ondoso, c'è grande scompiglio. Enormi balene e terribili orche nere vengono scagliate via dalla corrente come piume. I delfini si ribaltano in mille capriole. Box, il pesce scatola giallo, impallidisce e gli cascano tutti i pallini neri. Ball, il pesce palla, si gonfia dalla fifa e Polpy, il piccolo polpo, dalla grande agi-

tazione, traballa sui tentacoli e inciampa. L'immensa ondata del maremoto si infrange a riva, spazzando via in pochi minuti alberi, case e città intere. Sull'oceano cala un silenzio profondo. Per fortuna, alcuni pesci erano riusciti a rifugiarsi in un'ampia grotta, dove il cavalluccio marino Pony

è giunto trascinato dal vortice. Si era allontanato dalla mamma seguendo dei pesciolini a righe bianche e nere che credeva caramelle alla liquirizia e, ritrovandosi solo, singhiozza smarrito. Il pesce Napoleone lo avvicina e lo consola, offrendosi di aiutarlo a ritrovare sua madre. Insieme, si affacciano all'uscita della caverna e vedono una vasta area deserta senza più pesci: solo rocce grigie e, sul fondo, coralli frantumati e carcasse sfigurate. Ovunque è distruzione. Regna una strana calma. Vanno in ricognizione nel mare, dove cernie e tonni vagano tramortiti, scortati dai pesci angelo bandiera a righe gialle e blu e dal pesce lanterna, che fa luce. A un tratto, un gran frastuono rompe di nuovo il silenzio e Pony si spaventa. Il pesce Napoleone lo tranquillizza: "Non è niente, questa volta. Sta per iniziare un concerto!". Suoni cristallini si diffondono in ogni direzione, richiamando l'attenzione di tutti gli abitanti dell'oceano. Improvvisamente non c'è più un centimetro d'acqua libero. Pesci di ogni forma si dirigono verso il relitto di un antico veliero dove si sarebbe tenuto lo spettacolo. È pieno

di alghe e conchiglie, sdraiato di lato come un vecchio mostro sconfitto, dopo mille avventure di pirati a caccia di tesori. Pony nuota verso il palco, attratto dai suoni dello squalo intento ad accordarsi. Jimi prende delle gran stecche, ma non ci fa caso e sbadiglia spalancando le terribili fauci, che mettono in fuga frotte di pesciolini iridescenti. In mezzo a quegli scalmanati indifferenti, Pony cerca disperatamente il volto della sua mamma. A un tratto la scorge, intenta a perlustrare il mare come un acuto radar. Non appena lei lo avvista, si fionda verso di lui remando veloce sui riccioli robusti e in pochi attimi finalmente lo raggiunge. Piangono e ridono, e non potendosi abbracciare, perché senza braccia, continuano a stamparsi grossi baci sui musi, felici

di essersi ritrovati sani e salvi. In quel momento, lo squalo inizia a pizzicare le corde della sua chitarra, facendole vibrare con grande maestria mentre le razze, cozzando come matte, provocano un suono scintillante e i pesci trombetta producono pernacchie melodiche. Nell'euforia generale, lo squalo martello si diverte a picchiare sui gusci delle tartarughe come fossero tamburi. Il pesce spada invita a ballare lo scorpione di fuoco, senza temere il suo veleno. Nelle pinne, nei tentacoli, nelle code, si insinua sempre più prepotente il suono e a poco a poco il ritmo si trasforma in una danza leggera, poi sempre più libera. Sarebbero tutti sudati se non fossero sott'acqua! Ballano tutta la notte con frenesia mai vista, risollevati per lo scampato pericolo del maremoto. Fuori di sé dalla gioia, Pony coinvolge nella danza gli amici grandi e piccoli, grati allo squalo chitarra per l'allegro concerto, che restituisce a tutti gioia e speranza dopo il disastro dello tsunami. Con gesti e mosse differenti, ma uniti dallo stesso entusiasmo di essere vivi, emanano insieme un'unica grande vibrazione, un'onda morbida che ritma i loro cuori all'unisono, riportando quell'armonia che l'altra terribile ondata aveva sconvolto.

Gli autori

Foto ESA – S. Corvaja

Paolo Nespoli

Astronauta, orgoglio del nostro Paese nell'esplorazione dello spazio, ha vissuto lontano dalla Terra per 313 giorni, 2 ore e 36 minuti. Un asteroide porta il suo nome.

Simona Arrigoni

Giornalista televisiva, conduce un programma su 7 Gold ed è inviata Rai. Milano ha assegnato l'Ambrogino d'oro alla sua trasmissione.

Giancarlo Perego

Capocronista al *Corriere della Sera*, ma oggi è famoso come direttore del *Bullone*, il giornale che ha fondato nel 2012 e che cura con ragazzi affetti da gravi malattie croniche.

Foto Archivio Fotografico F.C. Internazionale Milano

Francesco Toldo

Uno dei portieri più forti e titolati nella storia del calcio italiano. Ha vinto una Champions League, 5 scudetti, 5 Coppe Italia. È stato vicecampione d'Europa con la Nazionale.

Maura Levi e Davide Romano

Lei è medico specialista in psicologia clinica in un ospedale di Milano. Lui è stato assessore alla Cultura della Comunità Ebraica e dirige il Museo della Brigata Ebraica.

Gian Vincenzo Zuccotti

Medico e professore universitario. Dirige la clinica pediatrica dell'ospedale Buzzi e insegna Pediatria generale e specialistica all'Università Statale di Milano.

Giuseppe Sala

Da manager ha guidato importanti aziende private e poi ha organizzato l'Expo di Milano del 2015. Dal 2016 continua a occuparsi della sua città, da sindaco.

Foto Orazio Truglio

Christian Meyer

È fra i migliori batteristi europei. Per trent'anni con Elio e le Storie Tese, ha collaborato con numerosi artisti, da Mina a James Taylor. Ama il jazz sincopato e spera di essere colto da una sincope il più tardi possibile.

Giannino della Frattina
Firma del *Giornale*, storica penna della cronaca politica, e non solo, oggi è a capo della redazione milanese del quotidiano di via Negri.

Filippo Massara
Per oltre 40 anni ha approfondito le potenzialità curative e preventive della musica, dedicando particolare cura a un percorso di stimolazione musicale e vocale per i piccoli: il *Grembo Armonico*.

Leonardo Manera
Attore, comico, cabarettista, ha partecipato a programmi come Zelig, Belli Dentro, Colorado. È quotidianamente in onda con un programma radiofonico su Radio24.

Daniele Marzano

Papà blogger, si occupa di comunicazione. Insieme alla moglie, Mickol, ha scritto un libro: *Guida senza patente*, che ai futuri genitori consiglia di non seguire i consigli.

Foto Luca Renoldi

Valentina Marchei

È una stella del pattinaggio artistico su ghiaccio, ha rappresentato l'Italia alle Olimpiadi e ai Mondiali e ha vinto 5 titoli italiani individuali e uno di coppia.

Emanuela Niada

Scrittrice, ha pubblicato libri di poesia e fotografie. Collabora con il giornale *Il Bullone* e ama creare connessioni tra le persone per innescare occasioni feconde e a volte magiche.